A JUSTIÇA DE AFRODITE

Dados Internacionais de Catalogação na Publicação (CIP)
(Câmara Brasileira do Livro, SP, Brasil)

Hillman, James
A justiça de Afrodite / James Hillman; tradução de Samantha Baracchini Botamedi e Bráulio Porto ; revisada por Gustavo Barcellos. – Petrópolis, RJ : Vozes, 2025. – (Coleção Reflexões Junguianas)

Título original: Aphrodite's justice

Bibliografia.

ISBN 978-85-326-7263-6

1. Afrodite (Divindade grega) 2. Estética – Aspectos psicológicos 3. Mitologia grega – Aspectos psicológicos 4. Psicologia junguiana I. Barcellos, Gustavo. II. Título. III. Série.

25-282795 CDD-150.1954

Índices para catálogo sistemático:
1. Mitologia grega : Psicologia junguiana 150.1954
Cibele Maria Dias – Bibliotecária – CRB-8/9427

James Hillman

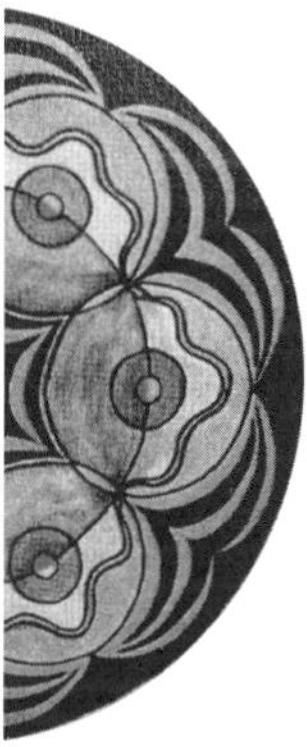

A JUSTIÇA DE AFRODITE

Tradução de
Samantha Baracchini Botamedi
e Bráulio Porto
Revisada por Gustavo Barcellos

Rua Frei Luís, 100
25689-900 Petrópolis, RJ, Brasil
www.vozes.com.br

Editoração: Pablo Fernandes
Diagramação: Piero Kanaan
Revisão gráfica: Nilton Braz da Rocha
Capa: Omar Santos
Adaptação de capa: Editora Vozes
Ilustração de capa: Mandala produzida por uma paciente de Jung e reproduzida por ele em *Os arquétipos e o inconsciente*, vol. 9/1 da Obra Completa. 5. ed. Petrópolis: Vozes, 2007, p. 341, nota 182.

ISBN 978-85-326-7263-6

Este livro foi composto e impresso pela Editora Vozes Ltda.

Sumário

Apresentação da edição brasileira: cosmos como Afrodite

Este é, sem dúvida, um texto seminal de James Hillman, uma joia de beleza na reflexão e no estilo. Dizer isso já é entrar no cosmo de Afrodite, de Eros, do amor, da beleza, da atração, do engano, da sedução, do enfeite, da graça. Mas também da justiça? Sim, e é isso que aprendemos quando lemos as páginas a seguir. Pois Hillman põe atenção e enfrenta aqui uma questão bastante complexa e delicada, em especial para o ambiente mental de um estilo de consciência monoteísta, um "dilema cristão", como ele mesmo diz, questão que pode inclusive ser considerada, pela psicologia profunda, uma ferida aberta na alma do mundo, que é a separação de ética e estética, justiça e beleza, moralidade e sensualidade, bom e belo, amor e lei, prazer e verdade.

É interessante notar que seus últimos ensaios, suas últimas homenagens, foram a esses deuses de temperamento quente, cuja relação nos faz viver tantas coisas difíceis em nossos destinos e direitos humanos: Afrodite e Ares, beleza e violência. Ele já havia invocado Vênus várias vezes ao longo de sua obra, e também seu estilo de abordagem sempre foi marcial (ele mesmo um confesso "filho de Marte"), mas a vez que mais chama atenção é seu ensaio de 1995, publicado originalmente na Revista *Spring*, "Loucura cor-de-rosa, ou por que Afrodite leva os homens à loucura com pornografia?", que traduzi para o português do Brasil e publicamos nos *Cadernos Junguianos* #3, da Associação Junguiana do Brasil, em 2007. Naquele ensaio, num recurso de retórica surpreendente e extraordinário, ele assume a voz da própria deusa, fala em primeira pessoa, e nos faz assim conhecer suas inúmeras queixas para um mundo que continuamente a tem excluído por tanto tempo. Naquele discurso conhecemos os caminhos sutis (muitas vezes, nem tanto!) de sua ira e de sua vingança: a loucura cor-de-rosa. "Eu, rainha da beleza e do desejo, como posso trazer meu universo para o mundo real, onde os gestos que provoco são chamados de assédio sexual, a luxúria que instigo é chamada de estupro, o corpo que faço concupiscente chamado de um mero objeto de desejo, e as imagens que pululam na minha estufa repleta de imaginação erótica são chamadas de pornografia? O que devo eu fazer? Bem, eu tenho meu método: levarei os homens à loucura; eu os afligirei com a loucura cor-de-rosa. Eu invadirei com uma loucura cor-de-rosa cada recanto do mundo contemporâneo que me tem recusado por tanto tempo. Irei pornografar seus carros e sua comida, seus anúncios e suas férias, seus livros e seus filmes, suas escolas e suas famílias. Não poderei ser interrompida. Vou entrar em suas camisetas e suas roupas de baixo, até mesmo em suas fraldas, em seus adolescentes, com seus *slogans* e suas músicas, em suas velhas senhoras e senhores em colônias de aposentados. Eu excitarei toda a sua cultura de forma que até mesmo aqueles que tentam curar suas neuroses, assim como seus sóbrios psicanalistas, não terão nada melhor para conversar do que desejo, *jouissance*, seduções, incesto, molestações e um olhar penetrante no espelho", diz a deusa.

Também Ares, tantas vezes contemplado em outros ensaios, recebeu uma última evocação naquele que é seu último livro publicado em vida, *A Terrible Love of War (Um terrível amor pela guerra)*, de 2004.

Ali ele examina exatamente essa fusão entre beleza e violência, terror e amor. O deus da guerra e a deusa do amor desfrutaram uma atração fatal naquele que é conhecido como um dos mais representativos envolvimentos amorosos da mítica grega antiga, iniciado quando se apaixonam clandestinamente no palácio do marido dela, Hefesto, como está descrito no Livro VIII da *Odisseia*. Aqui, o mito nos diz que há guerra no amor e amor na guerra, uma verdade muito fácil de se perceber.

Hillman, como em tantas outras oportunidades, traz o mito para perto do que é verdadeiramente uma inquirição psicológica. Sua obra nesse campo é imensa, e amplamente significativa. Veja-se, por exemplo, além da contínua abordagem ao mito e suas figuras em outros de seus mais conhecidos livros, o Volume 6 da *Uniform Edition* de seus escritos, *Mythic Figures*, que contém suas contribuições mais relevantes para uma psicologia da mitologia, com 18 ensaios longos e curtos. Aqui, neste ensaio que temos em mãos, ele explora ao máximo o enlace que o mito grego apresenta entre Afrodite e as várias figuras de Têmis, Nêmesis, as Horas, as Graças, as Moiras. Isso para nos tornar clara a dimensão de ordem, ordenamento, localização e justiça que está sempre ao alcance daqueles que podem perceber a beleza, o amor e o sublime, com todos seus atrativos e horrores, sorrindo para eles na sua complexidade intrínseca, por dentro das próprias leis que mantêm o cosmo, qualquer cosmo, em ordem.

A aproximação da imaginação de Afrodite à psicologia arquetípica é importantíssima, pois a torna, por isso mesmo, uma psicologia venusiana, com a marca de Vênus, diferentemente das de Freud e Jung, que ainda mantêm uma nota trágica. A alma é compreendida a partir dessa perspectiva. Cosmos como Afrodite (a Dourada, a Sorridente) transforma essa numa psicologia estética. O que aprendemos agora é que onde há estética, há ética, há um cuidado com o mundo, justiça.

O texto que se lerá aqui, na tradução cuidadosa de Samantha Baracchini Botamedi e Bráulio Porto, é a transcrição de uma palestra realizada em 7 de setembro de 2007 na St. James Charterhouse, na Ilha de Capri, nos Giardini di Augusto, numa das últimas viagens do casal Hillman à Itália, durante a conferência *Capri, i luoghi della parola. Le parole degli dèi (Capri, os lugares da palavra. As palavras dos deuses)*, organizada pela Associação Cultural La Conchiglia. Ali, diante do Mediterrâneo, o próprio mar que testemunha o nascimento da deusa, num cenário deslumbrante, James Hillman apresentou, em italiano, este texto para uma plateia atenta e atônita onde, entre outros, estavam seus amigos italianos de longa data, como os da Fondazione Zegna. Um momento especial também em sua profunda relação com a Itália, os italianos e toda a cultura mediterrânea. Que o leitor brasileiro possa sentir a profundidade e a urgência dessas reflexões na beleza de suas palavras.

Gustavo Barcellos
Junho/2025

Palestra ministrada pelo autor em 7 de setembro de 2007 na St. James Charterhouse em Capri, durante a conferência *Capri, i luoghi della parola. Le parole degli dèi (Capri, os lugares da palavra. As palavras dos deuses)*, organizada pela Associação Cultural La Conchiglia.
Agradecimentos a Tonino Cacace, Franco Ferraris, Dianna Pickens, Silvia Ronchey, Ermanno Zanini, Anna Zegna.

Dedicado a Capri

Setembro de 2007

Uma invocação

Primeiro, uma invocação. Para abordar nosso tema, devemos obter permissão daquela que é o sujeito do nosso assunto, a própria Vênus/Afrodite.

Portanto, Grande Senhora, a quem às vezes chamarei em grego de Afrodite e por vezes em latim de Vênus, permita-nos investigar sua natureza, não apenas para nossos propósitos humanos, para que possamos encontrar mais amor, beleza e prazeres em nossas vidas, mas além disso para *seus* propósitos – para que as estranhas compulsões e os atrativos irresistíveis que emanam da sua presença possam encontrar seu caminho mais alegremente neste mundo inundado pela sua essência sensual.

Por tempo demais, a Grande Senhora tem sido concebida apenas como a Dourada, a Sorridente, como os gregos a chamavam, apenas a portadora da doce tentação que transgride a ordem ética e pouco se preocupa com a justiça. Aqueles que a seguem e se entregam aos seus dons – poetas, amantes, músicos, artesãos, pintores de tantas cores, e aqueles que a cada momento do dia transparecem um sinal da Vênus, quer seja nas atitudes, no cheiro, na decoração, no modo de se vestir e de falar, ou nos que trazem charme, sensualidade, leveza de toque, até frivolidade, e a loucura da paixão – foram, por intermináveis anos, relegados em nossa civilização a um lugar menor, banal, nem sério nem moral.

Não sem receio, invoco a sua presença logo no início, pois a história nos mostra que envolver-se diretamente contigo, comumente, acaba em desastre. Pense em Páris, que a escolheu em desfavor de Atenas e Hera: pense nas consequências – Troia em ruínas, os heróis mortos, os banhos de sangue que se seguiram, as tragédias. Pense em Anquises, que desfrutou de seus favores apenas para ser desfigurado e atingido por um trovão. Pense em Dido, uma de suas favoritas, rainha de Cartago, e em seu sofrimento, mesmo no Mundo das Trevas, muito depois de sua vida na Terra ter acabado, ainda atormentada pela deserção de Eneias, que havia zarpado para o Lácio; e de Fedra, enlouquecida por seu amor ilícito pelo enteado, Hipólito. Pense em nossas próprias vidas: como cada um de nós ficou louco por uma infusão afrodítica: tornamo-nos mentirosos, trapaceiros, loucos de ciúme, vaidosos, inflados, maníacos e cruéis.

Grande Senhora, seja gentil conosco hoje.

* * *

Além desta invocação, um pouco de biografia. Seis anos atrás, em outra costa deste Mediterrâneo onde nasceu Afrodite – e ainda nasce, ainda está sendo gerada ao longo das margens dessas águas (Grigson, 1978; Simon, 1959), flertando em cafés, deitando-se sedutoramente nas praias, movendo-se ao som da música em casas noturnas; sim, ela emerge todos os dias, todas as noites, destas águas ao longo da costa e nas ilhas como Capri, convidando hedonistas de todo o mundo – retomando, nesta outra margem, há seis anos, em Rimini, propus em um encontro de estudiosos, sob os auspícios do presidente de sua República Italiana, uma revisão das bases fundamentais da psicologia proveniente de três princípios: beleza, justiça e destino.

Esses três princípios clássicos com proporções míticas são mais profundos e apropriados às preocupações da alma do que qualquer outra tríade de conceitos como natureza, criação e individualidade, ou razão, vontade e emoção, ou Ego, Superego e Id; ou mesmo aquela antiga trindade *nous*, *psyche* e *physis*, que hoje chamamos de mente, alma e corpo. É no espírito dessa proposta que começa a nossa conversa de hoje, e exploraremos, em particular, a relação entre beleza e justiça.

Nós também aprenderemos uma lição de outro habitante do Mediterrâneo – na verdade, deste mesmo litoral –, o gênio napolitano Giambattista Vico (1968), que de maneira autônoma, no início do século XVIII, colocou a psicologia sobre uma base de arquétipos míticos, *universali fantastichi*, refutando a rigidez cientificista de Descartes.

Na verdade, quero convidar Afrodite para a psicologia; quero imaginar uma psicologia que desenvolva suas ideias e práticas de forma a agradá-la. No momento, a psicologia e Afrodite trabalham dentro de uma relação estranha, e mesmo tensa. A psicologia não tem sido generosa com esta deusa, reconhecendo-a principalmente em abstrações como "o princípio do prazer", para depois derrogá-lo a um lugar de oposição, e até mesmo de ameaça, a um pretenso princípio de realidade (Danto, 1998). Ela aparece disfarçada na paixão recente, especialmente francesa, pelo desejo ou *jouissance* (gozo) como uma força básica na psique e na sociedade, tal como a esquerda freudiana enfatizou cinquenta anos atrás, com *eros* e libido. Mas a *jouissance* permanece muito francesa, em grande parte uma invenção conceitual: sem membros, sem pele e sem graça, heroicamente revolucionária e até orgulhosamente insana – dificilmente a Afrodite que imaginamos pelas suas imagens representadas nos vasos de cerâmica, nas esculturas e nas poesias gregas. Se esta é Afrodite, trata-se de uma dama francesa transformada na *Folle du logis* (Louca da casa)[1], onde esteve trancada desde que Descartes atacou a imaginação, ignorando seu aspecto erótico.

A psicologia acadêmica nas universidades tenta quantificar o universo de Vênus produzindo estatísticas de seus picos fisiológicos, de suas ocorrências em fases da vida e das consequências do desejo nos tipos de personalidades. Psicólogos teológicos, como Tomás de Aquino e Agostinho, traçaram distinções rígidas das muitas faces de Vênus como tipos de amor, tais como entre *philia* e *charitas*, *eros* e *ágape*, conjugal e extraconjugal, homo e heterossexual, da mesma maneira que os filósofos gregos falavam de *himeros*, *anteros* e *pothos*, ou da celestial Urânia e a vulgar Afrodite da *porne*, enquanto os neoplatônicos do Renascimento elaboravam o progresso da alma do desejo carnal da *voluptas*

1. A *Folle du logis* é a imaginação, segundo uma célebre expressão de Malebranche e assumida por Pascal, tornando-se de uso comum na linguagem filosófica francesa [N.T.].

aos voos alados do amor entusiasmado. Todos tentam controlar as rédeas do amor, para acabar enredados em seus cabrestos.

Vênus adentrou os consultórios dos terapeutas e foi reconhecida nos primórdios da psicanálise por Charcot, Breuer e Freud, que sentiram os poderes de Vênus em seus primeiros casos. O consultório transborda com as múltiplas aflições do amor: paixões idólatras, ciúmes raivosos, desolações de rejeição, promiscuidades descuidadas, compromissos amargos e estéreis em que Vênus está presente apenas em sua ausência. E também nas paixões evocadas pela própria terapia, chamadas de transferência e contratransferência. Há grande variedade de amor, sim, mas onde está a beleza?

De fato, onde está a beleza na psicologia – em suas teorias, em sua formação de psicólogos, na linguagem que ela fala e escreve, na roupa dos que a praticam? O desprezo pela forma com que se apresenta insulta Afrodite e restringe a ideia de alma apenas ao interior invisível dos seres humanos. A psicologia se empenha em explorar o coração humano ignorando o anseio essencial daquele coração – não apenas por amor, mas por beleza.

As dificuldades entre a psicologia e Afrodite

As dificuldades entre a psicologia e Afrodite foram profetizadas há muito tempo na esplêndida fábula de Amor e Psiquê, escrita por Apuleio em seu romance *Metamorfoses*, ou *O asno de ouro*, no segundo século da nossa era. Este romance latino, o único completo que temos do período romano, pertence à literatura de Vênus. Mais: pertence à literatura de mistério das transformações psicológicas da alma; e, assim, a história de Amor e Psiquê serve como uma espécie de guia para a iniciação no culto de Vênus. Porém, como eu disse, a história de dois amantes cravada no romance, Psiquê e Amor em latim (em grego, Eros; e, em português, Cupido), apresenta Vênus e Psiquê como rivais na beleza. Essa rivalidade assinala uma distinção profunda entre elas e deve ser nossa tarefa, à medida que prosseguimos, investigar a diferença entre a deusa do amor e da beleza e a psique humana.

Na história, Psiquê é descrita como sendo extremamente bela. Por causa de sua beleza, ela é idolatrada pelo povo e considerada uma deusa, embora seja apenas uma servidora devota do templo de Vênus. Sua beleza e seu reconhecimento popular deixam Vênus irritada, prejudicando sua hegemonia. Só ela é a deusa da beleza. Ao longo da história, Vênus maltrata Psiquê: não se trata de uma verdade arquetípica? Vênus não tem causado tanta miséria à nossa própria psique?

A estranha relação entre Psiquê e Vênus abre uma questão de extraordinária importância: O que é a beleza *psíquica* e por que ela ameaça Vênus nesta história paradigmática?

Uma pista para explicar esta rivalidade se encontra na gênese de ambas. Vênus nasceu do mar, surgindo da espuma das ondas *aphroesas*. Seu princípio paterno é o falo do deus celeste. Psiquê nasceu na terra, diz a lenda. Sua germinação se deu a partir de uma gota de orvalho. Nelas reside um espírito masculino. Uma é fálica como o impulso sexual, aquela força procriadora ensimesmada e implacável; a outra é comum, desconhecida, universal, a umidade natural do cosmos, simplesmente um dado sem nome, como o orvalho que cai igualmente sobre todos. A beleza psicológica é uma possibilidade comum para qualquer um e para todos, independentemente da forma sensível.

Todavia, esta virtude do comum não é o que atrai diretamente a ira de Vênus. É a aclamação popular, a celebridade, a idolatria comum de Psiquê como evidência da beleza. Para a deusa, isto não é beleza, não está nos olhos de quem a vê; está além da percepção e da representação humanas. É por isso que a beleza é uma deusa com um lugar entre os imortais no Olimpo, de onde vem um brilho de transcendência irradiando e infundindo todas as coisas como seu fundamento e sua perfeição final. Por mais envolvida que esteja nos assuntos humanos – como estão todos os deuses, a divindade da beleza sempre permanece essencialmente transcendente, de modo que os julgamentos sobre a beleza sempre ficarão aquém. Psiquê idolatrada e considerada bela pelo povo representa para Vênus uma falha metafísica fundamental na compreensão da natureza da beleza e da deusa. Sua ira, portanto, não é mera inveja e rivalidade por popularidade. Ela, Vênus, não está agindo como a madrasta do conto de fadas que diz: "Espelho, espelho meu, existe alguém mais bela do que eu?"

Outra diferença entre as protagonistas se manifesta em suas energias distintas (cf. Herbart, 1816, p. 152-153; cf. Hillman, 1997, p. 128-131). Psiquê parece não ter iniciativa; ela está sempre pronta para entrar em colapso. (Voltaremos a esta característica.) Sua força está na submissão. Para ela, como dizia Heráclito, "o caminho para cima e o caminho para baixo são um único caminho", ou, no caso de Psiquê, submeter-se, ou seja, viver uma experiência, e também *sub-ire*, mover-se por baixo, são seu caminho e seu método (*methodos*, do grego "caminho")[2].

Afrodite, no entanto, tem um impulso fálico. Seu grande amante, Ares, é o furioso deus da guerra. Este impulso fálico está personificado em seu filho, Eros, Amor, Cupido, a quem ela dá a incumbência de seduzir sua rival atingindo Psiquê com uma de suas flechas, para que ela seja consumida pela paixão por um monstro. Obviamente, isso não acontece; Eros se apaixona por Psiquê – mas interrompamos a história aqui, deixando o leitor tentado a encontrar uma versão de Apuleio de *O asno de ouro* para ler até o seu maravilhoso final.

2. Introduzimos o latim, não usado pelo autor, para tornar compreensível o trocadilho inglês de "*going under*" e "*undergoing*". Explicamos também o valor semântico original do termo "método", menos perceptível em português do que em inglês [N.T.].

A relação infeliz entre psicologia e beleza resulta de um problema mais amplo na mente ocidental. Pensadores clássicos e filosóficos, mesmo aqueles que estudam a Antiguidade, principalmente alemães e britânicos, é claro, e cristãos – os românticos sendo as grandes exceções –, simplesmente evitaram trabalhar sobre o tema de Afrodite (cf. Friedrich, 1978, p. 1-3). Por vezes, sequer a consideraram uma verdadeira deusa, já que, para eles, ela certamente não merecia o Olimpo por ser imoral e antiética. Vênus está presa a um dilema cristão básico que separa a beleza da bondade e da verdade, separando a ideia clássica de *kalokagathia* – beleza e bondade mantidas em um único termo. Depois de separá-las, é enfatizada a importância na ordem moral, colocando Vênus como representante de um distúrbio imoral, uma fora da lei. Então, ela se torna Carmen, uma sedutora destrutiva.

A longa história da filosofia cristianizada afastou a ética da estética, a justiça da beleza, de modo que costumamos acreditar que você não pode ser bom e belo, ético e atraente; nem que os prazeres dos sentidos podem ser o caminho para a verdade. Uma obra de arte ou romance podem ser recomendados por sua instrução moral; em sua moralidade reside sua beleza. Mas nunca o cristão dividido admitirá que em sua própria beleza está a sua moralidade, uma vez que a beleza funciona como um chamamento para coisas melhores, impulsionando o coração para o amor, instigando a mente a imaginar de forma mais vívida. Além disso, a moralidade sem beleza sufoca o coração e a mente. Chato. Entediante. Não se apodera e nem incita a justiça que defende. De fato, como disse Saul Bellow, romancista ganhador do Prêmio Nobel:

> A monotonia é pior do que a obscenidade. Um livro monótono é perverso [...] ele pode ser atraente e gostoso como uma torta doce feita pela avó, mas, se for banal e enfadonho, é pura maldade (2005, p. 95).

Sendo assim, vamos navegar pela psicologia e filosofia ao mesmo tempo, para então retornarmos às figuras míticas em busca da justiça de Afrodite.

A história de amor entre Psiquê e Eros

A história de amor entre Psiquê e Eros aborda nosso tema sobre justiça e beleza apenas indiretamente. Mas há uma particularidade importante da justiça a ser considerada: a punição. Vênus sente que uma injustiça ocorreu na ordem das coisas pela simples existência de Psiquê. Sua beleza excede a da deusa, e por isso é insolente (*hubrística*). Vênus é uma rainha, como ela mesma diz, uma honra que ela compartilha na lenda apenas com outras rainhas divinas (Juno/Hera e Ceres/Deméter), cujos domínios ela não infringe. No entanto, com relação a Psiquê, humana e usurpadora, Vênus deve tomar medidas punitivas.

Como a psique humana é punida por Vênus? Qual é a forma da punição afrodítica? O instrumento que ela mais usa, o que está mais próximo da sua natureza, é o castigo do amor. Vênus convoca seu filho, Eros, para cravar sua flecha na carne da alma, de modo que ela sofra as terríveis e implacáveis pontadas do desejo. Um desejo tão apaixonado, semelhante ao sofrimento, torna-se um sofrimento. Neste caso, um sofrimento como punição, causado por Vênus, em resposta a uma ofensa à deusa – uma *húbris* da parte do humano – ao menos uma insolência vista da perspectiva de Vênus.

É importante saber a origem dos nossos problemas cotidianos, de quem eles vêm. Nos tempos antigos, quando uma pessoa ia ao oráculo para obter ajuda com seus problemas, a pergunta que ela fazia em Delfos ou Dodona não era: "O que devo fazer para acabar com meu dilema, com a minha dor?", mas sim: "A que deus ou deusa devo oferecer um sacrifício nesta situação?" Se você sabe que padrão mítico, qual drama arquetípico está sendo representado em seu dilema, você já está no caminho para seu alívio. Portanto, neste caso Psiquê sofre, como Fedra, como Hipólito, da vingança de Afrodite, e o sofrimento vem por meio do amor.

E este é um sofrimento terrível e monstruoso! Lembremos que, segundo Homero, a mãe de Afrodite – de quem normalmente pouco se fala – era uma titã, Dione.

E os titãs eram forças gigantescas e desenfreadas que não conheciam limites. Se Afrodite carrega os impulsos sexuais de seu pai, Urano, cujo falo desmembrado proveu-a de um de seus genes míticos, o outro genitor é essa mãe titânica de força incontrolável. Então, obviamente, nós humanos sentimos que as dores de amor são "grandes demais", e que um momento de beleza também é capaz de nos tirar o fôlego, sobrecarregando nossas forças e confundindo nossos sentidos. Excesso titânico.

A punição em nome da justiça nos leva a outra figura mítica pertencente às constelações de Vênus/Afrodite: Nêmesis, popularmente descrita como a justiça divina que pune os atos de *húbris*. O nome "Nêmesis" foi traduzido principalmente como punição, castigo, retaliação – em inglês como *retribution*, e com isso Nêmesis adquiriu um significado teológico como o Dia do Julgamento.

Nêmesis, perseguida por Zeus, foi presa por ele e deu à luz um ovo. Deste ovo nasceu Helena, Helena de Troia, a mulher mais bonita do mundo homérico, uma encarnação da própria Afrodite. Esta figura única, Helena, combina Vênus e Nêmesis, pois Helena é a beleza que motivou a guerra épica – um episódio onde a justiça retaliativa agiu por dez anos.

Quem e o que é a Nêmesis que aparece em todos os textos trágicos gregos? Seguindo a inspiração acadêmica de Kerényi, *nemesis*, em sua raiz, significa um tipo de raiva justa, mesmo que aparentemente sem justificativa, que é acionada em momentos de injustiça. Aparece espontaneamente aos deuses e aos humanos e, segundo Kerényi, já está no mundo como seu componente fundamental, contemporâneo à ordem cósmica, como um poder divino (1951, p. 65). O ferido, o injustiçado ou aquele que foi longe demais (*húbris*) sente Nêmesis surgindo ou chegando. Os tribunais de justiça de muitos países retiram o peso da culpa pessoal dos réus de crimes passionais. A pessoa é considerada possuída, fora de seu juízo perfeito. Não sou eu quem me vingo para endireitar as coisas ou para restaurar o equilíbrio, mas a própria Nêmesis que entra e assume o controle. Um senso de justiça, como um senso de beleza, precede as regras do direito e das formas estéticas que inventamos para explicar suas ações. A beleza e a justiça são semelhantes porque não são feitas por humanos; elas nos fazem humanos.

Como se nossa imaginação já não estivesse estirada ao extremo associando a sorridente deusa do amor e da beleza com a lógica sombria do castigo retaliativo, adicione a essa imagem o relato de Pausânias (1913) de que, no culto de Nêmesis em Esmirna, ela estava cercada pelas Cárites, "pois se queria mostrar a deusa (Nêmesis) principalmente em companhia do amor".

As Cárites: Por que elas? Elas são ninfas que passamos a chamar de "As Graças", cada uma com seu próprio nome: Talia a Florescente; Aglaia a Radiante; Calé a Bela; Eufrósina a Alegria. A profunda mente psicológica dos gregos, tão imersa em realidades míticas que explicam a verdade das coisas como elas são, não consegue separar o amor ou a beleza do excesso, a alegria da tragédia, o florescimento da morte – pois Nêmesis era notadamente uma figura que trabalhava no Mundo das Trevas, uma figura de retaliação ancestral, "cuja atuação primordial permaneceu no reino dos mortos" (Dietrich, 1967). Ainda hoje, não enfeitamos os túmulos dos mortos com flores?

Podemos encontrar Nêmesis em ação em nossos prazeres e suas proibições. Afinal, de onde vêm essas pulsões incompreensíveis que nos castigam com seu clamor insistente? Estariam nossos ancestrais, com suas sedes ainda não saciadas e suas repressões imortais, ainda afetando nossas preferências e aversões profundas, nossas predileções, nossas escolhas amorosas? A repulsa que sentimos com o “mau” gosto, o nojo físico real e as compulsões por formas sensuais específicas parecem tão profundamente enraizados, tão instintivos, que é como se houvesse determinantes que vêm conosco ao mundo para serem vividos por nós para eles.

O reino dos mortos não se refere apenas aos que estão literalmente mortos e enterrados. Há muito tempo ele é concebido como o Mundo das Trevas, um mundo sob este mundo, a sombra do nosso mundo diurno, uma invisibilidade agindo sem ser vista. Talvez nossa civilização não se importe o suficiente com isso. Não alimentamos os mortos; não temos nenhum culto de sepultamento que coloque as preciosas delícias que suas almas amavam perto dos corpos sepultados, nem em seus túmulos (muito menos com suas cinzas cremadas espalhadas!), reconhecendo assim a possibilidade de que suas necessidades continuam após a morte. Então, famintos, nos perseguem com suas necessidades ainda insatisfeitas, empurrando-nos a consumir – deixemos para eles a fúria consumista e nossa ganância sobre-humana, esses impulsos compensatórios que Nêmesis emana do Mundo das Trevas.

Mais uma vez, vemos como a razão filosófica falha nos mistérios que realmente governam a vida da nossa alma. Pela razão, os mortos estão literalmente mortos e não há espaço para eles nos instrumentos da lógica, da epistemologia ou dos métodos de verificação empírica. Assim, nossas melhores e mais refinadas mentes omitem totalmente de suas reflexões as terras sombrias dos espíritos ancestrais. O reino do Mundo das Trevas é, por definição, não ontológico, não está no reino do ser e, obviamente, não existe. Ou então, a filosofia entrega a morte à religião, à medicina e à antropologia – Sócrates e Espinosa são egrégias exceções – permitindo que a filosofia filosofe, livre de assombrações.

O controle do racionalismo sobre as investigações da filosofia dá pouca atenção ao amor. O amor é, geralmente, discutido no estudo da emoção ou da moral. Então, o amor se reduz à fisiologia ou à teologia, onde Jesus – que, pessoalmente, manteve Vênus à distância – torna-se o instrutor. O amor se torna um amor sem beleza, um imperativo moral, um "deveria ser" e não um impulso – ou seus impulsos são controlados por arreios bem-apertados. Da mesma forma, a beleza sensorial, quando não totalmente negligenciada, é dividida em duas metades dissecadas: epistemologia da sensação de um lado, teoria estética do outro. O impacto total da beleza perde seu poder persuasivo (*peitho*) de mover o coração em direção ao amor e à justiça, de modo que a beleza se torna no pensamento ocidental, muitas vezes, uma mera simpatia, um verniz sentimental sutil, encobrindo a falha no coração esclerótico da filosofia.

Estas separações racionalistas em tópicos específicos, cada um deles escrito em letras maiúsculas – Amor, Desejo, Beleza, Justiça – são estudados separadamente no âmbito acadêmico e abordados da mesma forma nas enciclopédias filosóficas, aprisionando ainda mais nossas mentes ocidentais que abandonaram suas raízes míticas, presas nos compartimentos estanques do literalismo. Assim, *não* procuramos a Alegria em um cortejo fúnebre seguindo o trompete por uma rua siciliana e *nem* bebendo em um velório irlandês, mas em um parque de diversões onde a palavra DIVERSÃO aparece em letras maiúsculas no portão da frente. Procuramos a Beleza em uma paisagem aprazível, e *não* em um tribunal onde a justiça retaliativa finalmente é declarada por uma retórica incrivelmente elegante. Da mesma forma que esperamos encontrar a punição – por pecados, culpa, crueldade e maldade – nas prisões e *não* em meio àquelas pessoas mais próximas, onde o amor é mais intenso. A mente cartesiana, com sua insistência em ideias claras e distintas, cria essa psicologia literalista e compartimentada. Mentes alimentadas por distinções tornam-se cada vez mais rígidas, com separações, divisões, oposições e cismas (cf. American Psychiatric Association, 1987).

Se Nêmesis nos ensina que um tipo de justiça terrível nasce intimamente ligado à beleza do mundo e se manifesta como uma raiva retaliativa justa, que outras ideias sobre a justiça podemos obter das imagens míticas de Vênus/Afrodite?

Nossas opiniões habituais nos dizem que Vênus dificilmente se preocupa com a justiça, com julgamentos entre certo e errado. "Tudo é justo no amor e na guerra" – todos os subterfúgios e a espionagem, as trapaças, as pequenas e as grandes mentiras, as dissimulações que acompanham a sedução e as promessas não honradas, as omissões e os abrandamentos que evitam a verdade honesta. Na mente coletiva, Vênus parece ser antiética e imoral, senão amoral, isto é, sem qualquer noção de justiça. Além disso, a longa divisão na filosofia dominada pelos cristãos resultou em um divórcio claro entre nossos dois princípios. A estética e a ética são campos de estudos distintos e, portanto, o estudo da filosofia moral e do direito, bem como os profissionais que atuam em seus púlpitos e tribunais, estão bem longe das galerias de arte, dos saraus de poesia e das salas de música onde a presença da beleza é invocada.

O conhecimento das lendas antigas e retornar à aparição originária de Afrodite surgindo do mar

Vamos então retomar nosso conhecimento das lendas antigas e retornar à aparição originária de Afrodite surgindo do mar. De acordo com a história de Hesíodo sobre o início das coisas, sua *Teogonia*, lá ela foi saudada, primeiramente, pelas Horas. Essas figuras eram filhas de Têmis (cf. Harrison, 1963, p. 514), a "lei da natureza", e seus nomes eram Irene ou paz; Dique, a ordem certa; e Eunômia, o bom governo. Quando ela se levantou nua da espuma, elas colocaram uma coroa em sua cabeça, brincos e flores de cobre e ouro entrelaçadas em volta do seu pescoço e sobre seus seios – tudo isso é descrito no *Segundo hino homérico a Afrodite*.

Agora, se as considerarmos como meras ninfas doces servindo e adornando a imagem para deixá-la mais brilhante e refinada, estaremos muito enganados. Considere seus nomes! A palavra *dike,* como substantivo, refere-se a uma ação judicial; *dikai* corresponde aos processos civis modernos (não os crimes mais hediondos), em que o demandante aparece no tribunal em seu próprio nome, buscando justiça para reparar a injustiça. Já Irene, traduzida simplesmente como "paz", começou a ser adorada supostamente no fim da guerra entre Atenas e Esparta, de modo que Irene não é uma quietude enfadonha e uma vaga sensação de bem-estar, mas uma paz que vem depois do ódio amargo e do caos.

Descendentes de Têmis, as Horas representam a diferenciação no mundo do princípio encarnado por sua mãe. Têmis, devemos lembrar, foi a primeira esposa de Zeus, e seu nome significa "a lei da natureza, a norma de convivência entre os deuses e os seres, especialmente entre os seres de ambos os sexos", diz Kerényi, que complementa: "é Têmis [...] que aproxima o homem e a mulher para que se unam no amor" (1951, p. 102). Essa confluência entre amor e lei aparece mais tarde, quando Têmis se transforma na imagem simbólica da Justiça, com uma espada em uma das mãos e uma balança na outra. Podemos encontrar Têmis ainda na figura astrológica de Libra, um signo zodiacal pertencente a Vênus, onde o equilíbrio se torna uma simetria desapaixonada. Libra se correlaciona com a sétima casa que, segundo a tradição astrológica, governa os relacionamentos – casamentos, amigos, inimigos, harmonias e conflitos.

Não é de se admirar, pois, que as Horas gradualmente se identifiquem com as Moiras, as Parcas, sugerindo que a conexão entre Afrodite e as Horas, inevitavelmente, afeta todas as tramas humanas. As *Horae*, ou Horas, como foram traduzidas, são as procissões naturais do tempo ao longo do dia e da noite, o ciclo das estações e as atividades que as seguem: a migração dos pássaros, as cópulas no tempo certo e os nascimentos das criaturas de acordo com seus gêneros, os ventos que aquecem e esfriam, a folhagem que brota e cai e brota novamente e cai de novo, a cadeia alimentar predatória de comer e ser comido.

Os adornos usados pelas Horas para decorar a deusa tinham por objetivo agregar valor à sua beleza, deixar sua aparição ainda mais esplêndida – não eram simplesmente para enfeitá-la com brincos e vestes ambrosíacas, com ouro na testa e nos seios. Essas complexidades de joias são construções humanas que buscam imitar, de forma humanamente possível, as invenções da natureza, complicadas e precisas como o canto dos pássaros, como a da superfície variada de cores das cascas e peles de animais, como a luz na água do mar e os sabores da chuva – tudo para exibir e exaltar a beleza da deusa, de modo que seu ser não seja meramente um princípio estético ou uma força metafísica da paixão, que permeia todo o cosmos, chamada *eros*, libido, *jouissance* ou amor, mas a beleza como *exato detalhamento de sua aparição sensual*, em cada momento de cada hora (a própria palavra *hora* significa "o momento correto") (Kerényi, 1951) revelando, no mesmo e único instante, a adequação, a paz legítima, a justiça encantadora e o prazer da ordem. Por isso elas decoram o corpo de Afrodite no momento em que ela se eleva. Somente o corpo nu não é suficiente, não expressa a beleza total; a exibição deve ser articulada e aprimorada pela artesania conferida aos fatos pelo trabalho do tempo.

Contudo, os nomes das Horas – ordem certa, bom governo e paz – são termos nada estéticos para nossas mentes modernas. Mas o mito diz claramente que o bom governo, a paz e a ordem certa são como a beleza se mostra no mundo.

A combinação de beleza e justiça no momento mítico da chegada de Afrodite requer uma revisão radical da nossa visão de mundo. Nos tempos antigos, o mundo era um *kosmos*, não um universo. "Universo" era a tradução latina de *kosmos*, e representa uma ideia romana bem característica, pois significa "girando em torno de um" – Roma, é claro, o centro do Império, a pedra de Pedro sobre a qual se ergue a Igreja universal, pivô do mundo civilizado.

Kosmos, no entanto, significa "em boa ordem", é o que se diz de um ordenamento político correto, disciplinado, adequado, digno, tanto que *ou kata kosmon* significa "vergonhosamente". *Kosmos* conota tanto a ordem estética quanto a ética, tanto o adorno quanto a decência. O céu noturno exibe o cosmos pela exibição de estrelas iluminadas e a procissão rítmica e legítima dos corpos planetários. Para nós, atualmente, é realmente estranho encontrar em um único termo significados que vão de enfeites, ornamentos e vestimentas femininas à ideia de governo e regulamento, de honra e credibilidade. Hoje, "cosmético" é pejorativamente superficial, e "cosmologia" foi tão esvaziada de beleza que se refere principalmente ao estudo do *Big Bang*, do buraco negro e de medições em magnitudes inimagináveis, ou a "cosmonautas" girando pelo espaço.

O termo *kosmos* acabou sendo usado para significar "o mundo" (como, por exemplo, no *Novo Testamento*), mas um mundo dotado de alma, uma *anima mundi* que Plotino (1966, p. 176-183, v. III, 5, 3-4), no pensamento grego tardio, disse ser "sempre uma Afrodite". A implicação é clara: o mundo também é um espetáculo a ser apreciado, e não apenas um problema a ser resolvido. As ofensas contra sua aparência são violações da ordem natural, e a injustiça social não é *kata kosmon*, vergonhosa e feia ao mesmo tempo. Os muros construídos para separar o ético e o estético se dissolvem. A atenção à estética é um comportamento ético e o comportamento ético é uma manifestação estética.

Outro desses muros conceituais também se desfaz – aquele entre a estética e a biologia: uma hospedada no prédio das belas-artes, a outra do lado oposto do *campus*, nas ciências. O mundo antigo e o mundo que escapou da hegemonia cristã atestam a existência de uma deusa do amor que também se manifesta como um poder biológico gerador, no mundo natural, que vincula todas as coisas vivas pela sua ascendência comum. O termo "biofilia", de Edward Wilson, é usado pela biologia para caracterizar o amor que une as formas vivas umas às outras em um cosmos compartilhado (Kellert & Wilson, 1993).

Esse vínculo entre as espécies se origina com as flores, sim, flores! "Cerca de cem milhões de anos atrás", escreve Loren Eiseley (1957) em seu surpreendente ensaio paleontológico *Como as flores mudaram o mundo*, "as flores não eram encontradas em lugar algum dos cinco continentes [...], as plantas eram apenas verde-escuras, monótonas, não existiam em nenhuma outra cor [...], então ocorreu uma explosão violenta e silenciosa que durou milhões de anos. Este evento marcou o surgimento das angiospermas – as plantas com flores [...]. As flores mudaram a face do planeta. Sem elas, nem mesmo os seres humanos teriam existido". Eiseley explica que o mundo anterior, composto por répteis gigantes e árvores enormes, estava morrendo. As formas de madeira, rígidas, que se elevavam ao céu, começaram a dar espaço aos seres "que brilhavam aqui e ali com suas cores estranhas [...], com seus frutos e seus receptáculos cheios de sementes intrincadamente entalhados, e que produziam alimentos concentrados, o sistema reprodutor das plantas com flores" (cf. Burger, 2006).

Isto, dito pela biologia, poderia muito bem ter sido afirmado também pela antropologia sobre os rituais que propiciam a deusa do amor sexual, e das frutas e flores, como a força propagadora originária no mundo. Ou poderia ter sido afirmado pela mitologia da Vênus *genetrix*, e de Afrodite, de quem o poeta arcaico Stasinus (1950, p. 496-498) escreve: "Ela vestiu as roupas que as Graças e as Horas fizeram para ela tingidas com flores da primavera: açafrão e jacinto, e o primeiro botão de rosa... com as flores de narciso e lírio, como aquelas que as Horas portavam. E nessas vestes perfumadas, Afrodite está vestida de todas as estações".

Ou, dito por Marsilio Ficino (1980): "Vênus [...] manda a natureza, com suas plantas verdes, florescer por toda parte, não só para nos trazer a vida, mas também a jovialidade [...] nos fazendo transbordar de espírito vital". Ou, nas palavras de Dylan Thomas (2006): "A força que do pavio verde inflama a flor inflama a minha idade verde..."

As complexidades míticas que cercam Afrodite são modos de complicação

Essas complexidades míticas que cercam Afrodite – as Horas, as Moiras, as Graças, Nêmesis e Têmis – são modos de complicação, o método favorito da inteligência renascentista. *Não* simplificando, *não* explicando Vênus como uma emoção única, como desejo, ou uma ideia como beleza ou força, ou natureza. Não. *Complicatio*: a exposição de um fenômeno em toda a sua confusão inerente. *Complicatio* é um método que torna tanto nossa apreciação da deusa mais sutil como também intensifica seus efeitos fundindo os múltiplos fios em uma tensão mais compactada.

"Confuso", *com-fusão,* pode ser o melhor termo para a tensão compactada. Não é a confusão um primeiro sinal da sua presença: uma doce confusão dos sentidos, uma confusão entre impulso e trepidação, entre ideais elevados e truques baixos? A confusão nos leva à obra de Alexander Baumgarten que, em 1735, introduziu a palavra e a ideia de "estética" como um campo filosófico específico. Foi Baumgarten quem influenciou fortemente Kant na criação fundamental de uma filosofia da estética.

Baumgarten insistiu que "a confusão é uma condição para se encontrar a verdade" (cf. Croce, 1922, p. 217). "A beleza deve ser confusa e, portanto, exclui a distinção" (cf. Tonelli, 1972, Volume 1, p. 256). Verdades estéticas são aquelas que não parecem inteiramente verdadeiras nem inteiramente falsas. São uma combinação de ambas. Este *cognito confusa* oferece *extensive clariores*, ou seja, uma clareza mais ampla. Os múltiplos níveis de uma obra de arte e da natureza, as complicações presentes em todos os traços e características, apresentam o que Baumgarten chama de "belo conhecimento".

Dez anos antes, Giambattista Vico já havia insistido em como a clareza das distinções aliena a faculdade poética ou estética, onde a confusão da imaginação é essencial. Como escreveu Croce (1922, p. 234), foi Vico quem "descobriu a autonomia do mundo estético". Nesses dois homens, um em Berlim, o outro em Nápoles, Afrodite encontrou dois paladinos em sua campanha interminável para se libertar dos ditames dos filósofos racionalistas e moralistas. Se "confusão" é uma palavra-chave para reconhecer a presença da estética e da beleza de Vênus, então não é de se admirar que a criação artística, a crítica da arte, o estudo da filosofia estética, sejam, ao mesmo tempo, iluminados e obscurecidos pela confusão. Essa confusão pode ser a própria presença da deusa.

A profundidade de Vênus é obscurecida pelas leis inalteráveis do cosmos, Têmis; pelos terrores expiatórios de Nêmesis, que atua a partir do Mundo das Trevas; pelas sentenças inapeláveis das Moiras; as regras dos costumes e dos tribunais – todas conferindo uma profundidade impressionante à sua beleza.

Esta incrível profundidade aparece na filosofia da estética também no século XVIII, com Edmund Burke e Immanuel Kant, e é denominada de sublime (cf. Haden-Guest, 2001; McEvilley, 2001). A verdadeira beleza não se resume a vinho, rosas e atração fácil. A beleza inteira inclui terror, espanto, vastidão, confusão, intensidade trêmula e a escuridão incompreensível, sem forma e indeterminada que Plotino consideraria ser a própria feiura. O sublime integra a ideia de beleza com profundidade psíquica. O poder total de Vênus não está apenas em seu poder de persuasão (*peitho*) ou em seu charme sedutor. *Ela cativa ao intensificar qualquer fenômeno sensorial no qual ela se revela*. Os platônicos se referiam a isso como a "intensificação divina das coisas terrenas". Esta é uma das suas definições de beleza. Essa intensificação é sentida como o brilho dourado e o sorriso que Afrodite despeja sobre tudo o que ela abençoa. É sentido também como uma intensidade estética que se instala como uma força moral, que deve ser percebida e provocar uma resposta.

A ideia do sublime é a maneira como a filosofia conceitua as relações míticas de Afrodite com suas contrapartes Nêmesis, as Horas, Têmis... sem elas, Vênus continua a ser a deusa das superficialidades – por mais amáveis e agradáveis à alma que sejam. Contudo, para uma compreensão abrangente sobre Vênus, o mito exige os entrelaçamentos fatais, os julgamentos morais irrevogáveis e o aprofundamento da beleza no sublime. A filosofia demorou dois mil anos para desenvolver a mesma teoria estética que os mitos vinham revelando há tempos. Portanto, para compreender a natureza do amor, do desejo, da beleza, não seria mais sensato recorrer ao que os mitos já conhecem, em vez de ler os filósofos que, em sua maior parte, estão limitados já de início por seus preconceitos antivenusianos? Devo lembrar que Descartes, Hobbes, Hume, Berkeley, Kant, Schopenhauer, Nietzsche e Wittgenstein nunca desfrutaram do matrimônio.

A beleza obscurecida pelo sublime nos leva de volta ao romance de Apuleio

A beleza obscurecida pelo sublime nos leva de volta ao romance de Apuleio com o qual começamos: Psiquê a serviço de sua cruel soberana Afrodite, a proximidade entre elas e suas divergências. A história chega ao seu ponto crítico quando Vênus entrega a Psiquê uma pequena caixa e ordena que ela vá ao Mundo das Trevas e a preencha com a beleza de sua rainha, Perséfone. Pois esse é o tipo de beleza que Vênus não possui e o qual, evidentemente, a humana Psiquê tem acesso.

Psiquê sai, enfrenta os perigos, enche a caixa e a fecha, retornando à luz do dia. Porém, mesmo com todos os avisos, sua curiosidade humana vence seu julgamento: ela levanta a tampa para descobrir a natureza da beleza do Mundo das Trevas, e o que aflui da caixa é um sono estigeano profundo. Ela é dominada e cai em um coma mortal.

Bem, é claro que Eros vem e a revive, e todos vivem felizes para sempre. Na verdade, Psiquê está grávida de sua filha chamada Volúpia (prazer sexual, *jouissance*), que, mais tarde, autores do Renascimento consideraram a chave para a redenção da alma.

Nossa tarefa, entretanto, não é a história como tal, mas o que ela conta sobre a beleza específica que falta a Vênus e que a psique humana pode trazer a ela. O conto diz que, quando Psiquê abriu a caixa, o que saiu foi apenas um sono mortal. Sono (*Hipnos*) e Morte (*Tânatos*) são irmãos, de acordo com Homero tanto na *Ilíada* quanto na *Odisseia*. Eles pertencem à ninhada da Noite (*Nyx*) [Hesíodo] à qual também pertencem os *Oneiros*, sonhos (cf. Hillman, 1979, p. 32-34).

Portanto, antes de mais nada, a psique tem acesso aos sonhos. À noite, a alma humana deixa as tangibilidades do mundo diurno, a província vívida de Vênus, e se mistura com imagens, tornando-se uma imagem entre as outras nos sonhos. Imagens puras (*eidola*), sem substância, esvaziadas de vida. A beleza contida nas imagens – é *isso* que a alma humana pode trazer ao mundo sólido e carnal de Vênus. As imagens oníricas ensinam outra ideia de beleza – a beleza da imagem *per se*, e como tal, a imersão nelas e a reação a elas como eventos estéticos, e não sua interpretação em busca de significados para servir à vida.

Além das imagens do sono está o irmão do sono, a morte. A morte traz a transitoriedade à beleza. *"Weile doch, du bist so schön"* ["Esperas um pouco, tu és tão linda"], diz Fausto, da mesma forma que Shakespeare e Keats nunca deixam de enfatizar a natureza fugaz da beleza. Desaparece antes que você perceba, capturada mais na lembrança do que na realidade. "Uma menina bonita é como uma melodia que te persegue noite e dia", cantava Irving Berlin, porque a beleza desaparece. Tão breve, mas tão vívida que apenas algumas notas amarradas com precisão podem trazer de volta os mortos ou levar-nos até eles. O fato de a beleza morrer confere a qualquer um de seus momentos uma dor extraordinária. Todos os eventos, todos os amores e os próprios objetos tornam-se como uma música que chega ao fim; e no momento em que percebemos a sua vulnerabilidade à morte, eles assumem uma doçura, aperfeiçoada. O que a psique humana traz para a beleza é a *mortalidade*; e esta, Vênus, sendo *athanatos*, imortal, como os gregos chamavam seus deuses, não a conhece.

A mortalidade acompanha Psiquê como uma sombra por toda a história. Desde o início ela é retratada como bela, sim, mas fraca, incapaz, traída (por suas irmãs). Ela é tanto uma vítima como uma serva de Afrodite. Seus apelos por ajuda em outros altares são recusados e, em um episódio, apenas no último minuto ela é salva do pânico suicida (afogamento) pela força vital natural de Pã.

Psiquê teve sucesso graças à sua mortalidade. Ela é vulnerável; as influências externas a colapsam, a confundem e também são assimiladas. Ela é permeável; não inviolável, não descomedida. Para que a psique permaneça humana, ela deve permanecer vulnerável, como é Psiquê, cuja receptividade lhe permite conceber e engravidar. É essa contínua capacidade de sermos feridos que nos mantém mortais, férteis e humanos.

Agora, vamos à conclusão.

O grande anseio da nossa psique na busca pelas benesses da deusa do amor

O grande anseio da nossa psique na busca pelas benesses da deusa do amor – para sermos preenchidos com sua alegria, sua beleza, seu desejo – está de fato "além do princípio do prazer", como escreveu Freud. Apaixonar-se é cair no sublime, na vasta confusão e na intensidade de Afrodite *nudata*, o estremecimento das profundezas nas entranhas de cada fenômeno que os sentidos apresentam; cada fenômeno, um amante breve e fugaz. Assim, os poetas apaixonados se encontram repentinamente enamorados por todo o cosmos, seus terrores e seus anjos, confusos.

A intensidade sublime de Afrodite, os sentimentos de destino, o medo da retaliação, o reordenamento cósmico que ela traz não são uma interpretação dos eventos, não são uma transposição metafórica revelando outros significados adicionados na tranquilidade reflexiva. Ao contrário, a deusa é a confusão sublime de cada fenômeno se multiplicando por si mesma, como sua rosa ou uma peônia se complicam com a multiplicação de suas pétalas, como o canto de um pássaro complica seus trinados e assobios, como as árvores de verão sacodem milhões de folhas, como as videiras emaranhadas, como os rebanhos e manadas migrando, como os seixos e areias da costa, e as ondas continuamente agitadas de cuja turbulência ela nasce. Vasta e inumerável é a extensa generosidade dos dons de Vênus que se multiplicam, confundem e intensificam o impacto estético.

Se a vitalidade de uma profusão excessiva, que inclui o vasto espaço do sublime, enriquece uma beleza que é, como se diz, apenas "a flor da pele", então o excesso torna-se crucial. Não nas bordas, mas no centro. A alma se realoca em meio àquele lugar excessivamente confuso da grandeza avassaladora da beleza, da grandeza do próprio cosmos.

Localizada nesta generosidade impessoal, "nada que é humano me é estranho" [Terêncio]. Todos os comportamentos e personagens são adequados, e encontram seu lugar justo no cosmos. O crime não é perdoável; portanto, tampouco sua retaliação é proibida. O vigor das leis humanas, baseado nas tradições que regem as formas de convivência, permanece intacto, ancorando a civilização em Dique. Mas uma infinita compaixão surge do vasto sublime no fundo do coração daquela deusa a quem oferecemos, esta tarde, nossa atenção e, quando ela triunfa em todo o seu esplendor, então a clareza ilimitada e confusa do próprio cosmos está em ordem e a justiça também triunfa.

Referências

American Psychiatric Association. (1987). *Diagnostic and statistical manual* (3°). American Psychiatric Association.

Apuleio. (1965). *The golden ass*. Harvard University Press.

Bellow, S. (2005). The writer as moralist. *The Atlantic Monthly. Fiction Issue*.

Brague, R. (2003). An Etical Cosmos (T. L. Fagan, Trad.). In *The wisdom of the world: Human experience of the universe in western thought*. University of Chicago Press.

Burger, W. C. (2006). *Flowers: How they changed the world*. Prometheus.

Clare, P. G. W. (Ed.). (1982). *Oxford Latin Dictionary*. Clarendon.

Croce, B. (1922). *Aesthetic* (D. Ainslee, Trad.). Macmillan.

Danto, A. C. (1998). Beauty and morality. In *Uncontrollable Beauty*. Allworth.

Diels, H. (2004). *Die Fragmente der Vorsokratiker*. Weidmann.

Dietrich, B. C. (1967). *Death, fate and the Gods*. Athlone.

Eiseley, L. (1957). How flowers changed the world. In *The immense journey: An imaginative naturalist explores the mysteries of the man and nature*. Random House.

Ficino, M. (1980). *The book of life*. Spring.

Friedrich, P. (1978). *The meaning of Aphrodite*. University of Chicago Press.

Grigson, G. (1978). *The goddess of love*. Quartet.

Haden-Guest, A. (2001). On the track of the "S" world: A reporter's notes. In B. Beckley (Ed.), *Sticky Sublime*. Allworth.

Harrison, J. E. (1963). *Themis*. Merlin.

Herbart, J. F. (1816). *Lehrbuch zur Psychologie: Vol. III*. Voss.

Hillman, J. (1979). *The dreams and the underworld*. Harper & Row.

Hillman, J. (1997). *The myth of analysis. Three essays in archetypal psychology*. Northwestern University Press.

Hillman, J. (2013). *O sonho e o mundo das trevas* (G. Barcellos, Trad.). Vozes.

Kellert, S. R., & Wilson, E. O. (1993). *The biophilia hypothesis*. Island.

Kerényi, K. (1951). *The gods of the greek*. Thames and Hudson.

Kerényi, K. (1966). Die Geburt der Helena. Em *Humanistische Seelenforschung*. Langen-Muller.

Kerényi, K. (2015). *A mitologia dos gregos: A história dos deuses e dos homens: Vol. I* (O. Mendes Cajado, Trad.). Vozes.

McEvilley, T. (2001). Turned upside down and torn apart. In B. Beckley (Ed.), *Sticky Sublime*. Allworth.

Pausânias. (1913). *Description of Greece*. Macmillan & Co.

Plotino. (1966). *The enneads: Vol. III* (A. H. Armstrong, Trad.). Harvard University Press.

Simon, E. (1959). *Die Geburt der Aphrodite*. De Gruyter.

Stasinus. (1950). The cypria. In *Hesiod, the Homeric hymns, and Homerica*. Harvard University Press.

Thomas, D. (2006). *Poesia da recusa*. Perspectiva.

Tonelli, G. (1972). Alexander Gottlieb Baumgarten. In P. Edwards (Ed.), *The encyclopedia of philosophy*.

Vico, G. (1968). *The new science*. Cornell University Press.

EDITORA VOZES LTDA.
Rua Frei Luís, 100 – Centro – Cep 25689-900 – Petrópolis, RJ
Tel.: (24) 2233-9000 – E-mail: vendas@vozes.com.br